英語がぐっと身近になる！

得意になる！

小学生から知っておきたい

英語の ? ハテナ

名古屋外国語大学教授
京都大学名誉教授
編著 田地野 彰
イラスト りゃんよ

Jリサーチ出版

JN085739

はじめに ～ご家族のみなさまへ～

英語学習には、なにより英語に対する「興味や関心」が必要です。子どもたちには少しでも英語を理解し、興味をもって楽しく英語を学んでほしい！

この想いを共有する7名の大学英語教員によって本書は執筆されました。本書は、これから英語を学び始める（あるいは、すでに学んでいる）小学生に贈る、英語の研究者たちからのメッセージ集です。

執筆陣は、英語学や英語史、英米文学、教育言語学、英語教育学などを専門とする、名古屋外国語大学外国語学部英米語学科の専任教員と、京都大学大学院で外国語教育研究に携わってきた応用言語学者で構成されています。

本書では、英語の成り立ちや特徴から、だれもが知っている物語の登場人物のこと、効果的な英語の学び方まで、英語と英語学習に関する 35 の「？ハテナ」を、イラストを用いながら Q&A 形式にてできるだけわかりやすく解説しました。これら「？ハテナ」の設定にあたっては周囲の小学生や保護者の方の声を参考にしました。

　子どもたちが本書を通して少しでも英語への理解を深め、興味をもってこれからの英語学習に取り組んでくれることを、執筆者一同、心より願っております。

編著者　田地野 彰
名古屋外国語大学 教授
京都大学名誉 教授

もくじ

第1章 英語の❓ハテナ

第2章 英語の歴史の❓ハテナ

第3章 日本語と英語の❓ハテナ

第4章 英語の物語の❓ハテナ

第5章　英語を使うための❓ハテナ

第6章　英単語の❓ハテナ

第 **7** 章　英文法の ？ ハテナ

この本の使いかた

小学生が「？ハテナ」と思うテーマをQ＆Aの形で紹介しているよ。
イラストと一緒に見るとわかりやすいよ。

1 Q(質問)はページのテーマだよ。小学生が よく「?ハテナ」と思うものを選んでいるよ。

3 このページの大切な ポイントが書いてあるよ

Q 英語を学ぶと どんないいことがあるの?

A 世界が広がり、自分がわかる。 この本で自分にとっての 「いいこと」を見つけよう!

10

第 1 章 英語の?ハテナ

大切なポイント

英語を通して、広い世界に生きる自分を知る

英語を学ぶと、たくさんの「いいこと」がある。世界には英語を話せる人がとても多くいるから、世界中の人たちと友だちになったり、仕事をしたりすることができる。それから、その人たちが暮らす国や地域の文化・習慣を学んで、それを日本や自分と比べてみることもできるね。

たとえば、アメリカの多くの場所では家の中で靴を脱ぐ習慣がないんだ。それを知ると、「なんで日本では靴を脱ぐの?」と考えるかもしれないね。あるいは、英語の文字にはアルファベット（a, b, c...）が使われていることを知ると、よく考えてみたら日本語には文字が3つもある!（ひらがな、カタカナ、漢字）と気づくかもしれない。英語を学ぶことは、世界を知ることでもあるし、自分の文化や習慣、言葉に気づくことでもあるんだ。

英語を学ぶ理由は本当にたくさんある。この本には、それを見つけるヒントがたくさん書かれているんだよ。ぜひ、君にとっての答えを見つけてみてね。

11

2 上のQ(質問)に対する 先生からのA(答え)だよ。

4 詳しい説明がのっているよ。 じっくり読んでみよう。

🎵音声について 音声と一緒に読んでみよう。ダウンロードのしかたは94ページにのっているよ。

🎵英語のルビ(フリガナ)について カタカナ表記は参考程度にしてね。実際の音を完全に表すものではないよ。

※英語の発音については、『プログレッシブ中学英和辞典』(小学館)のカタカナ表記を参考にしました。

第1章

英語の？ハテナ

よしたか先生
（加藤 由崇）

01〜06

 英語を学ぶと
どんないいことがあるの?

日本語
ひらがな
カタカナ
漢字
↔
abc…
ABC…
英語

そういえば…

A 世界が広がり、自分がわかる。
この本で自分にとっての
「いいこと」を見つけよう!

大切なポイント

英語を通して、広い世界に生きる自分を知る

　英語を学ぶと、たくさんの「いいこと」があるよ。世界には英語を話せる人がとても多くいるから、世界中の人たちと友だちになったり、仕事をしたりすることができる。それから、その人たちが暮らす国や地域の文化・習慣を学んで、それを日本や自分と比べてみることもできるね。

　たとえば、アメリカの多くの場所では家の中で靴を脱ぐ習慣がないんだ。それを知ると、「なんで日本では靴を脱ぐの？」と考えるかもしれないね。あるいは、英語の文字にはアルファベット（a, b, c…）が使われていることを知ると、よく考えてみたら日本語には文字が３つもある！（ひらがな、カタカナ、漢字）と気づくかもしれない。英語を学ぶことは、世界を知ることでもあるし、自分の文化や習慣、言葉に気づくことでもあるんだ。

　英語を学ぶ理由は本当にたくさんある。この本には、それを見つけるヒントがたくさん書かれているんだよ。ぜひ、君にとっての答えを見つけてみてね。

英語って
どこの国の言葉なの?

A もともとはイギリスの言葉。
今では英語圏を超えて、世界の
共通語の1つになっているよ。

大切なポイント

英語は世界の共通語、でもその英語は1つじゃない

　日本語は日本の言葉、中国語は中国の言葉、じゃあ英語は … 英の言葉？じつはこの「英」は英国、つまりイギリスのことなんだ。「あれ？アメリカでも英語を話すよね？」と気づいたあなた、すばらしい！他にもカナダやオーストラリア、ニュージーランドなどでも英語が使われているね。これらの国はもともとイギリスの植民地だったんだ。他にもインドやフィリピンなどを含む「英語圏」と呼ばれる場所で英語が使われているよ。

　最近ではヨーロッパの国々はもちろん、日本やブラジルなど、英語圏ではない場所でも外国語として英語を使っている人がたくさんいるよ。それぞれの場所で発音や文法などに特徴のあるさまざまな英語（World Englishes）が生まれているのを知っているかな？英語はもうイギリスの言葉としてだけじゃなくて、国際連合や国際オリンピック委員会などでも使われる、世界の人たちをつなぐ共通語の1つにもなっているんだ。

 英語を使っている人は
世界中にどれくらいいるの？

A およそ15億人（世界で5〜6人に1人）。世界で一番多くの人に使われているよ。

大切なポイント

英語を「第2言語」として使う人の方が多い

　世界には約 80 億の人々が暮らし、約 7,000 もの言語があると言われているんだ。その中で英語を使う人は一番多くて、約 15 億人もいると考えられているよ。これは世界の 5 〜 6 人に 1 人が英語を使っている計算になるんだ。

　じつは日本語が使える人の数も世界の中では多い方なんだけれど（約 1 億 2300 万人）、日本語がおもに日本の中だけで使われているのに対して、英語はイギリスやアメリカ、インドなどの英語圏だけじゃなくて、その他の多くの国や地域で使われているんだ。

　面白いのは、英語を母語（幼い時に身につけた最初の言語）として使っている人よりも、英語をあとから第 2 言語、第 3 言語として身につけて使っている人の方がすごく多いということなんだ。2023 年の調査では、約 3 億 8,000 万人が母語として英語を使っているのに対して、およそ 11 億人が第 2 言語や第 3 言語などとして英語を使っていることがわかっているんだよ。約 3 倍の違いだね。

 **英語は外国なら
どこででも使えるの?**

A 世界の多くの場所で使われる言葉。
ただ、どこでも英語が使えると
決めつけてはいけないよ。

大切なポイント

英語が使える人は多いけど、会話の始め方は丁寧に

数え方によって差はあるんだけど、英語は 80 以上の国や地域で公用語（政治や教育、メディアなどで使われる言語）として使われているんだ。

でも、左の地図を見てみると、意外にその範囲は少なく見えるかもしれないね。英語は世界でおよそ 15 億人（世界で 5 〜 6 人に 1 人）が使う言葉だったよね。じつは、英語を公用語としていない国や地域でも、ヨーロッパのように英語が通じる場所は多くあるんだよ（実際に英語は欧州連合（EU）の公用語の 1 つになっているんだ）。それに最近では、世界の多くの場所で、とくに若い人たちのあいだで英語が使える人が増えているよ。

でも、もちろん英語がどこでも誰にでも通じるわけじゃないし、相手の言葉を大切にする気持ちを忘れちゃいけないよね。だから、外国の人と英語でコミュニケーションをとろうと思った時には、まず Do you speak English?（英語を話しますか？）などと聞いてみることも大切だね。

 英語って
どうやって使うの？

A 何かを聞く・話す・読む・書く時に
使うよ。場面によって英語が変わる
こともあるんだ。

大切なポイント

相手や目的によって、使う英語が少し変わる

　いい質問だね！質問に答える前に、ふだんの生活の中でみんなが「日本語を」どんな場面で使っているか考えてみて。家族や友だちとおしゃべりをすることもあれば（聞く、話す）、図書館で読書をすることもあるだろうし（読む）、ゲームをして他のプレイヤーとチャットをすることもあるかもしれないね（書く）。もしそれが「英語で」できたらどうかな？きっと、もっとたくさんの人と一緒に好きなことができるし、より多くの情報を得ることができるよね。私たちはふだん、何かを聞く、話す、読む、書くことでコミュニケーションをとっていることが多いんだ。

　面白いのは、それぞれの場面によってふさわしい言葉が変わるということ。たとえば、自分の日記を書く時、学校で意見文を書く時、ゲームでチャットをする時、使っている言葉や1つの文の長さ、絵文字や記号の有無などが少しずつ違うんじゃないかな？英語も同じで、それぞれの場面にふさわしい表現があるんだ。

よしたか先生からの
小学生の君たちに贈る
応援メッセージ

英語を身につけると、世界が圧倒的に広がる。時には英語がうまく使えなくて悔しい思いをするかもしれない。でもその分、わかり合えた時の喜びは格別。そんなすべての経験が、君を大きくしてくれるよ。

Challenges
shape your growth.

うまくいかない時こそ、成長できるよ。

第2章

英語の歴史の？ハテナ

ゆうき先生
（高橋 佑宜）

 英語はいつ、
どこから来たの？

A 今から約1600年前に今のデンマークやドイツ沿岸部に住んでいた人たちの言葉が元になっているよ。

大切なポイント

英語はヨーロッパ大陸からブリテン島 （グレート・ブリテン島）にやってきた

　英語は世界中で使われているけれど、そもそも英語はどこからやってきたのだろう？「英語」という漢字は英国、つまりイギリスの言語を意味しているよ。

　イギリスはヨーロッパにあるブリテン島とアイルランド島の北部から成る。ブリテン島にはもともとケルト語と呼ばれる言語を話していた先住民族が住んでいたんだ。ところが、今から約1600年前に現在のデンマーク（ユトランド半島にあるよ）やドイツ沿岸部に住んでいた人々が海を渡ってブリテン島に攻め込んできたんだ。こうした人々はアングロ・サクソン人と呼ばれ、侵略しただけではなく、そのままブリテン島に住み続けた人たちも多かった。

　アングロ・サクソン人たちが定住した地域はイングランドと呼ばれるようになり、私たちが知っているイギリスの基礎を作ったよ。英語は最初からイギリスで使われていたわけではなかったんだ。英語はアングロ・サクソン人たちによってブリテン島にもたらされたのが始まりだよ。

英語って昔から変わらないの?

A 英語は過去1600年の間に少しずつ変わってきたよ。

英語はこれからもずっと変わり続ける

　言葉はまるで生き物のように変わり続けているよ。言葉の仕組みが今と昔で違うってことなんだ。英語は1600年以上前から存在していたけれど、その間に英語の仕組みは大きく変わったよ。たとえば、発音。英語で「夜」はnightと書いて「ナイト」と発音する。だけど大昔は「ニヒト」と発音されていたと考えられているんだ。発音の仕方が変わったということだね。

　他にも、新しい単語が増えることもあるよ。昔はテレビはなかったし、「テレビ」という単語もなかったんだ。テレビが発明されたことで単語も生まれてきたんだ。新しい道具や技術が生まれると、それを言い表すための新しい単語も作り出されるんだよ。

　さらに単語の意味が変わってしまうこともあるんだ。今の英語でniceは「素敵な」という良い意味を表すけれど、ずっと昔は「ばかげた」という悪い意味で使われていたんだよ。時間と共に段々と良い意味で使われるようになったんだ。英語は変化し続けているんだね。

 英語はいつから
世界中に広まったの?

A 17世紀以降、イギリスが海外に進出し始めたことで英語は世界に広まっていったよ。

大切なポイント

17世紀のイギリス海外進出がきっかけ

　英語は17世紀ごろまでヨーロッパの端っこにある小さな島国イギリスの言葉でしかなかったんだよ。かつて英語は田舎の言葉だったなんて言われても信じられないかもしれないね。

　イギリスが発展し始めたのは16世紀後半に活躍したエリザベス1世の時代だよ。当時、すでに他のヨーロッパの国々は富を求めて海外に進出していたんだ。商業や交通手段が発達したことでイギリスも海外に進出するようになったんだ。17世紀以降、イギリスはアメリカに植民地を作り始めたよ。カリブ海地域や南インド、南アフリカにも植民地を広げたよ。18世紀以降になると、イギリスは今のカナダやオーストラリア、ニュージーランドにも領土を拡大していったんだ。

　こうしてイギリスは世界のさまざまな地域を支配するようになって、大英帝国と呼ばれるほどの大国に成長したんだ。イギリスの植民地はやがて独立していったけれど、英語はその後も公用語や共通語として使われ続けているんだ。

 **どうして英語は世界中で使われているの?**

A イギリスとアメリカの政治、経済、文化の影響力が大きかったからだよ。

イギリスとアメリカが英語を世界に広めた

　英語が共通語になった理由はイギリスとアメリカの力が大きいんだ。そのきっかけはイギリスが世界中に植民地を広げていったことにあったね。

　やがて植民地は独立していったけれど、英語を使い続けた国が多いんだ。今のアメリカ合衆国にも、イギリスの植民地があったけれど、その後独立して、政治や経済の面で強力な国に成長したんだ。アメリカが世界を主導するようになって、他の国も英語を使うようになったんだ。

　さらに文化の影響も大きいよ。たとえばディズニー、コカ・コーラ、マクドナルドはアメリカで生まれたものなんだ。アメリカの映画や音楽が他の国でも受け入れられることで、その中で使われている英語も世界に広がったんだ。アメリカや他の英語圏に対するあこがれが英語を使うことへの動機にもなっているよ。他にも、英語を母語としない人同士がコミュニケーションをとるために英語を共通語として使うことも増えているよ。

 アメリカ英語と イギリス英語は違うの?

A 同じ英語でも国や地域によって 違う部分があるんだよ。

国や地域によって英語の発音や表現は異なる

　関東と関西の人が話す日本語には違いがあるよね。同じ日本語だけれど言い方が違うことがあるんだ。地域によって違う言葉のことを地域方言と呼んでいるよ。じつは英語にもあるんだ。アメリカの英語とイギリスの英語には違う部分がいくつもあるよ。

　たとえば、物の呼び方。「エレベーター」はアメリカ英語ではelevator だけどイギリス英語では lift と言うんだ。「サッカー」はアメリカ英語で soccer だけどイギリス英語では football なんだよ。カタカナの日本語はアメリカ英語から来ていることがわかるね。

　他にも単語の書き方も違っているよ。「色」はアメリカ英語ではcolor だけどイギリス英語では colour と書くんだ（どこが違うかわかるかな？）。そして発音も異なっているよ。「水」は water と書いてアメリカ英語では「ワラ」のように発音されるけれど、イギリス英語では「ウォーター」に近いよ。英語も国や地域によって表現や単語、発音が違っているってことなんだ。

ゆうき先生からの小学生の君たちに贈る応援メッセージ

「なぜ、どうして英語はこんな風になっているんだろう？」

英語の成り立ちを学ぶと、こうした謎を解く手がかりを与えてくれるんだ。それに、一つのことを様々な角度から見つめる力が身につくよ。

Let's begin a journey
through time and culture!

時間と文化を巡る旅を始めよう！

こうじ先生
（川原 功司）

🎧 13〜18

 # 日本語と英語は似ているの、似ていないの?

A 他の動物から見れば似ているけれど、人間の目から見れば似ていないよ。

立場によって言葉の見え方が変わる

　英語も日本語も人間が使っている言葉なので、イヌやネコ、トリなどから見れば似ているよ。人間から見れば、同じ種類のトリのさえずりは日本でもイギリスでも同じに聞こえるけれど、じつは違うのと同じなんだね。でも、日本語を使っている私たちが聞けば、英語は全然違う言葉に聞こえるよね。

　言葉はお互いに意志の疎通がとれるかどうか、そして言葉の親戚関係を元に似ているかどうかを判断するんだ。英語は勉強しないと何を言っているのかほとんどわからないし、英語と日本語はルーツを辿っていっても同じ言語だったことがないから、人間の目から見れば全然違う言葉と言うことができる。つまり、「似ている」ということは、誰の立場で考えるかで変わってしまうということなんだね。誰の立場で考えるかで見え方が変わることは、主観的という言い方をすることがあるよ。逆に、太陽が東から昇って西に沈むといった、誰から見ても同じことは、客観的と言うんだ。

 日本語の発音と英語の発音は
似ているの、似ていないの?

似てるところも あるし
似てないところも ある

「あいうえお」と 同じような 音も
あるけど 日本語には ない 音も
あるよ。

A 英語で使う音声の種類が多いので
似ていないとも言えるし、似ていると
ころもあるよ。

英語で使う音の方が種類が多い

　英語は日本語より音の種類がずっと多いんだ。たとえば、母音という肺からの呼吸をくちびるや歯、舌などでじゃまをしないで出す「あいうえお」の仲間の音が 15 コくらいあるし、子音と呼ばれる空気をじゃまして出す音が 24 コくらいあると言われているよ。日本語（母音は 5 コ、子音はおよそ 19 コ）と比べると多いんだ。

　そして、日本語に入ってきたと考えられる英語でも、元の発音とはかなり違っている。energy を「エネルギー」、McDonald's を「マクドナルド」と発音しても、英語を使う人には全然わかってもらえないんだ。一方、音を伸ばして表す長音かどうかという区別は英語にはないので、英語を詰す人には「ゆき」さんと「ゆうき」さんの聞き分けができなかったりするよ。でも、英語にも日本語にもアフリカの南部で使われている吸着音や、アフリカやパキスタンで使われている入破音といった肺からの空気を使わない音声はないので、似ているところもあると言えるんだ。「似ている」か「似ていない」かというのは、主観的な問題なんだね。

英語には
どんな特徴があるの?

語順で文法関係を表したり、
たくさんの単語があったりという
特徴があるよ。

語順が大事だったり、単語が多かったりする

「**うさぎ**が**トラ**をなでたよ」

「**トラ**を**うさぎ**がなでたよ」

　上の日本語は同じ状況を表している。でも英語ではうさぎとトラの語順を入れ替えると、こんな風になる。

「**A rabbit** patted **a tiger**.」（**うさぎ**が**トラ**をなでたよ）

「**A tiger** patted **a rabbit**.」（**トラ**が**うさぎ**をなでたよ）

　patted（なでた）の前にあるのが「なでた」動物で、後ろにあるのが「なでられた」動物になるんだね。日本語では、「なでた」動物に「が」をつけて、「なでられた」動物に「を」をつけて表せば区別できるから、語順はあまり関係ないんだ。「公園で」なんかも、日本語では「で」を「公園」の後につけるけれど、英語では the park（公園）の前に in（〜で）をつけるので、語順が逆だね。

　また、英語は昔からいろんな言葉とミックスされたり、世界中に広がったりしたので、語彙数がとても多い言語で、単語が 100 万語以上もあるとも言われているよ。

39

 # イヌやネコは英語でも同じ鳴き声なの?

イヌはbowwow(バウワゥ)やwoof(ウフ)、ネコはmeow(ミアゥ)やmew(ミュー)と鳴くよ。

動物の鳴き声をどう表すかもさまざま

　英語では、イヌの鳴き声は bowwow（バウワゥ）や woof（ウフ）と表すことが多いよ。日本語だと「ワンワン」に近いね。他にも、「キャンキャン」に近い whine（ワイン）、「ガルル」に近い growl（グラウル）などがあるよ。ネコの鳴き声の「ニャー」や「ミャー」に対応するのが、meow（ミアゥ）や mew（ミュー）だね。

　なんとなくわかるけれど、日本語で表している鳴き声とはかなり違う感じがするね。こういった動物の鳴き声を表す言葉は擬声語っていうんだけれど、場所や時代が違えば表し方も変わってくるんだ。たとえば、日本でもイヌの鳴き声は、1000 年前頃は「ヒヨ」や「ギャウ」、400 年前頃は「ビヨ」や「ビョウ」と表していたよ。ネコの鳴き声も 1000 年前頃は「ネンネン」、800 年前頃は「ネウネウ」と鳴くって考えられていたんだよ。イヌは「ワンワン」、ネコは「ニャー」と鳴くと考えられるようになったのは、じつは 200 〜300 年前頃からなんだ。

41

 信号機の色は英語でも赤、黄色、青なの?

赤信号はred(赤)、黄色信号はアメリカでyellow(黄色)、イギリスでamber(琥珀色)、青信号はgreen(緑)だよ。

大切なポイント

日本でも昔は緑信号と呼んでいた

　赤と黄色は基本的に日本語と英語で対応がとれているけれど、青信号は green light と言うよ。じつは、世界的に見ても青信号を緑と言わないのは、日本くらいなんだ。

　日本に信号機が設置されたのは 1930 年の東京の日比谷交差点が最初なんだけれど、その頃は緑信号と呼ばれていたんだよ。よく見たら、青信号の色は緑色で青色には見えないよね。緑信号が青信号と呼ばれるようになったのは、日本で元々青色と緑色を区別していなかったのが理由だと考えられているんだよ。もちろん、青色と緑色の区別がつかないということではなくて、単にどちらも青色という言い方でまとめていたんだね。だから今でも、実際には青くなくても、新しい草葉を「青々とした緑」なんて言い方をするし、緑色の野菜を「青菜」って呼んだりもするね。チンゲンサイも漢字では青梗菜って書くよ。というわけで、言葉の意味は時間がたつと少しずつ変わっていくけれど、昔の名残が残っていたりもするんだ。

こうじ先生からの小学生の君たちに贈る応援メッセージ

好奇心を大事にして、知りたいと思うことがあれば、何でも調べてください。わからないことがあれば、なぜわからないのか覚えておきましょう。一つのことと長く付き合えれば、人よりそれがわかるようになるよ。

Do not stop questioning!

疑問をもつことをやめないで！

第4章

英語の物語の? ハテナ

けいこ先生
(ハンフリー 恵子)

🎧 19〜24

 # シャーロック・ホームズは本当にいるの？

A ホームズには会えないけれど、ホームズの家に行くことはできるよ。

ロンドンに行くとホームズの家が見つかる

何か困ったことがある時、シャーロック・ホームズに相談できたらいいよね。警察が解決できない難しい事件でも、ホームズはいつも見事に解決してしまうからね。

ホームズはイギリスの作家コナン・ドイルが作り出した名探偵。お話の中ではロンドンのベイカー街 221B に住んでいるんだ。でもドイルがホームズのお話を書いたとき、この住所はロンドンになかったんだよ。その後、街が整備されていく中で、ベイカー街 221B ができたんだ。すると、世界中からその住所にホームズあての手紙が届くようになったんだ。その頃そこにはある会社があって、彼らがホームズに代わって返事を書いてくれたんだ。今ではそこに「シャーロック・ホームズ博物館」が建てられて、ホームズの部屋や彼の服や身の回りのものなどが展示されているよ。お話の中にいるホームズだけれど、手紙を出せたり家を訪ねたりすることができるなんて、ホームズに会えたような気になれるね。

 英語のお話では、
クリスマスはどんな日なの？

A 人がみな、優しく、おおらかで
慈しみの心を抱くようになる、
うれしいときだよ。

家族や友だちを思いやる特別な日

　左のページの Ａ にあるのは、チャールズ・ディケンズの『クリスマス・キャロル』で、ケチな主人公であるスクルージの甥のフレッドが、伯父をクリスマスのディナーに誘いにやってきた時のセリフだよ。フレッドが言うように、イエス・キリストの誕生を祝福するクリスマスには、誰もが優しく思いやる気持ちを確かめ示すんだ。クリスマスは、愛する家族との温かな時間を過ごす大切な日なんだよ。

　だから、プレゼントは相手のことを考えて贈るもの。Ｏ・ヘンリーの「賢者の贈り物」では、貧しい夫婦ジムとデラが、相手が一番喜ぶと思うクリスマスプレゼントを買うために、ジムは大切な時計を売ってデラに櫛のセットを買い、デラは自慢の髪を売ってジムに時計の鎖を買うんだ。だから、お互いのプレゼントを見てびっくり。だってせっかくのプレゼントを使えないんだから。でも作者は、プレゼントが無駄になっても互いを思いやった美しい心を持つジムとデラこそが賢者だと言うんだよ。

 **吸血鬼ドラキュラは 本当にいるの？**

青白い顔

尖った耳

わし鼻

鋭い歯

真っ黒い服

長く尖った爪

DRACULA By Bram Stoker

A ドラキュラという人は本当にいたけれど、血を吸うのはお話の中のドラキュラだよ。

大切なポイント

ドラキュラという人は実在したけど 吸血鬼ではない

　ドラキュラは、吸血鬼という怪物としてよく知られているよね。でも英語の「ドラキュラ」には「吸血鬼」の意味はなくて、「吸血鬼」を意味する英語は「バンパイア」なんだよ。

　元々は15世紀に、現在のルーマニアにドラキュラ伯爵というとても残酷な人がいて、たくさんの人を殺したんだ。そんな恐ろしい人物の名前を使って、アイルランドの作家ブラム・ストーカーが『ドラキュラ』というお話を書いたんだよ。

　このお話のドラキュラは、ドラキュラ伯爵とは違って、次々に人や動物を襲ってその血を吸うことで生きてるんだ。このドラキュラのイメージが、各地に伝わる吸血鬼伝説と結びつき、「吸血鬼ドラキュラ」として広く知られるようになったんだよ。さらにお話のドラキュラは、頭から足の先まで真っ黒な服装をして、青白い顔には大きな鷲鼻と先の尖った耳、赤い唇から突き出した鋭い歯があって、そして細長く鋭い爪を持ってるんだ。この姿がみんながよく知っている吸血鬼のイメージにもなったんだよ。

 ピーターラビットは どこに住んでいるの?

引越したよ♪

イギリス

湖水

ロンドン

 ロンドン生まれのピーターラビットは、イギリス北部の湖水地方に移り住んだんだよ。

大切なポイント

イングランド北部の湖水地方で ピーターに会える

　英語のお話には、たくさんのウサギが出てくるよ。自然を愛するイギリス人にとってウサギは、公園を走っていたり庭に顔を出したり、とても身近な動物だから。中でも一番有名なウサギのお話は、やっぱりみんなのよく知るピーターラビットだね。イギリスの作家ビアトリクス・ポターが、いたずら好きなウサギを主人公に『ピーターラビットのおはなし』を書いたんだ。

　19世紀のロンドンで生まれ育ったポターは、学校に行かず家で勉強をしていたので、お友だちはペットの動物たちだけだったんだ。この子供時代を一緒に過ごしたウサギをモデルにして17歳の時に書いたお話からピーターラビットが生まれたんだよ。

　その後ポターは、自然と動物と生きるためにイギリス北部の湖水地方に移り住んだんだ。もちろんこの時ピーターラビットたちの世界も湖水地方に移ったよ。こうして湖水地方が、ピーターラビットたちの故郷と呼ばれるようになったんだ。

 赤毛のアンは
どこに住んでいるの？

カナダ

アメリカ

プリンスエドワード島

A 作者モンゴメリと同じ、カナダ東部
にあるプリンスエドワード島だよ。

アンの家はカナダ東部の島にある

　アンのお話は『赤毛のアン』というタイトルで知られているけれど、英語のタイトルをそのまま日本語にすると『グリーン・ゲーブルズのアン』。日本語と英語のタイトルは違うね。英語のお話を日本語に訳すとき、そのタイトルが変わってしまうことはよくあることなんだ。英語のタイトルは「グリーン・ゲーブルズに住むアン」の意味なんだよ。

　グリーンは緑、ゲーブルズは「切妻」という屋根の形のことで、本を開いて上にのせたような屋根のこと。だからグリーン・ゲーブルズとは「緑の切妻屋根」という意味なんだ。これは孤児院から男の子と間違えてアンを引き取ったマシューの家のことなんだ。

　この緑の屋根の家があるのは、カナダの東、セントローレンス湾に浮かぶプリンスエドワード島。ここは『赤毛のアン』の作者、L.M. モンゴメリが生まれ育った場所なんだ。今では『赤毛のアン』のファンが世界中からアンに会いにこの島にある緑の屋根の家を訪ねているよ。

第4章 けいこ先生からの 小学生の君たちに贈る 応援メッセージ

本の中には無限の世界が広がっているよ。みんなが日本にいても、英語の物語を読めばアメリカやイギリスなどの世界をのぞけるんだからすごいよね。世界にはどんな人たちや動物たちがいるのかな。さあ、本の中に探しに行こう！

Let's enjoy reading English books together!

みんなで楽しく英語の本を読もう！

第5章

英語を使うための？ハテナ

 # 聞く力・読む力を伸ばすには どうすればいいの?

A 頭の中にたくさんのハテナを思い浮かべて、自分から問いかけながら聞いたり読んだりしよう。

相手に問いかけながら「聞く・読む」 ことが大切

　誰かの話を聞いたり、文章を読んだりしているときに、頭の中にたくさんのハテナを思い浮かべよう。たとえば、友達に「ねぇ、ちょっと聞いて！」と言われたら、「誰の話なのかな？」「何をしたのかな？」「場所はどこかな？」「いつの話なのかな？」のように、頭の中で問いかけながら話を聞くことが大切だよ。

　また、相手の話がわからなかったときに、「もう一度ゆっくり言ってくれる？」「わかりやすく言いかえてほしいな」のように、自分が相手の話をわかるために、相手にお願いすることも効果的だよ。

　文字で書かれた文章は、何度も読み返すことができるので、一度目は大まかに内容をつかんで、二度目に細かな情報をつかむようにしてみよう。たとえば食品の広告であれば、まず「今日はミカンとイチゴが安いんだな」とつかんだ上で読み返して、「ミカンは8個で300円、イチゴは4粒で200円なんだな」というように細かな情報をつかんでみよう。

 # 話す力・書く力を伸ばすにはどうすればいいの?

A 伝えたい内容を表す単語を思い浮かべることができたら、英語の順序に並べ替えよう。

大切なポイント

語句（ことば）の順序を意識しながら「話す・書く」ことが大切

　まず、頭の中に伝えたい内容が思い浮かんだら、それを表す語句を思い出して、英語の順序に並べ替えよう。日本語と英語では順序が違うので、並べ替えるのに時間がかかってもかまわないよ。最初はゆっくりでいいから、相手に自分の考えや気持ちを伝えることができた、という体験を積み重ねていこう。

　話すときには発音が気になるかもしれないね。発音を練習するためには、お手本となる英語の音声を聞いて、それを追いかけるようにして、そっくりそのまま口まねしてみよう。この練習は難しいので、最初は文字を見ながらでも大丈夫。何度も繰り返して練習をすれば、だんだん文字を見なくても発音できるようになるよ。最終的には、お手本となる音声を追い越して発音することができるようになっちゃうかも。音声を追いかけるときでも追い越すときでも、お手本の発音をできるかぎりまねて発音することが大事だよ。そうすれば、少しずつ上手に発音できるようになるよ。

 普段の生活の中で英語を学ぶことはできるの？

日常にあふれる**カタカナ**

アラーム

カーテン

おはよー

コーヒー

トースト

もしゃ もしゃ

スーツ

バッグ

かわいー

ペット

A 身の回りにある物や毎日の行動を振り返ってみて！英語をたくさん見つけられるよ。

身の回りには英語があふれている

　自分の一日の行動を振り返ってみよう。すると、カタカナで表現されている物や行動がたくさんあるよ。

　朝は目覚まし時計の**アラーム**で起きたね。**ベッド**から抜け出すと、**パジャマ**を着替えて**カーテン**を開けたよ。**リビングルーム**の**ドア**を開けると、お父さんが**コーヒー**を飲んでいたかも。**テーブル**にはもう朝食の**トースト**と**サラダ**、**デザート**の**バナナ**と**ヨーグルト**が用意されていたね。食後には歯**ブラシ**で歯を磨き、**ドライヤー**で髪を**セット**したら、**バッグ**を持って学校に出発！学校に向かう途中では、**バス**を待っているおばあさんや、**ペット**を連れて**ジョギング**をしているおじいさんとすれちがったなあ…このように、みんなの日常生活にはカタカナになっている英語があふれているよ。

　毎日なにげなく目にする物や、いつもの自分の行動から英語を探してみるのは楽しいね。ただし、カタカナと英語では発音や使い方が違うものがあるから、気をつけようね。

Q どれくらい勉強すれば英語が話せるようになるの？

A 必要な時間は人によってバラバラ。
ゆっくりでもいいから、
自分の成長を楽しもうね。

大切なポイント

進んだり戻ったりしながら、それぞれのペースで成長する

　英語を自由に使えるようになるためには、2,500 時間の勉強が必要だという人がいるよ。でもこれはあくまでも 1 つの目安だと思ってほしいんだ。

　スポーツの上達を思い浮かべるとわかりやすいね。たとえば、同じチームにいる野球選手が同じ時間だけ練習しても、同じように野球が上手になるわけではないよね。練習中のやる気や集中力、食べ物や寝る時間などが人によって違うからだね。また、特に投げるのが上手になる人もいれば、打つのが上手になる人もいる。英語も同じで、読むのが得意になる人もいれば、話すのが得意になる人もいる。それに、野球も英語も一気に上手になるのではなくて、少しずつ上手になっていくね。

　何が得意になるかや上達の速さは人によって違いがあって当然だよ。だから、他の人と比べるよりも、自分が昨日よりも今日できるようになったことに目を向けて、ゆっくりでいいから確実に成長していけばいいんだよ。

 # 英語に正解はあるの？

A はっきりと正解がわからないときは、自分で〇×を決められるようになることが大切だよ。

正解かどうかを自分で判断することが大切

　学校のテストでは、正解には〇がついて、間違いには✕がつくよね。たとえば、リンゴ（apple）を appuru や orange と書いたら✕がついちゃうよ。このようにすべてがはっきりと正解か間違いかを判断することができればわかりやすいけれども、実際にはそうでないから困っちゃう。英語は言葉なので、相手や状況によってどのような使い方が正解となるか、変わってしまうことがあるからね。

　そこで大切なのは、自分で正解か間違いかを判断できるようになることだよ。たとえば、英語を学習し始めたばかりのときは、相手の話がだいたいわかって、自分の気持ちが何となく伝われば正解としてもいいよ。でも、少しずつ英語に慣れてきたら、相手の意見を完璧に理解して、自分の考えが正しく伝わることを正解としてみよう。

　このように、〇か✕かはっきりしないときには、自分のレベルに合わせて、どのくらいで正解とするかを自分で決められるようになることが大切だよ。

第5章

ひろし先生からの
小学生の君たちに贈る
応援メッセージ

英語学習と運動や歌の練習は似ているよ。運動や歌は競技

の規則や音符の意味を学び、実際に体を動かすことで上達す

るね。英語も文法や単語を覚えて、実際に使うことで上達す

るよ。失敗を恐れず、何度も挑戦しよう！

Failure teaches success.
フェイリャァ　ティーチィズ　サクセス

失敗は成功のもと

68

第6章

英単語の？ハテナ

ようすけ先生
（笹尾 洋介）

🎧 31〜36

 # 英単語を覚えることは
どうして大切なの？

 単語力は英語力の基礎なんだ。
単語を通して知識をどんどんと
広げて勉強を楽しもう！

単語力は英語力や学力に直結している

　"I love mussels! So good here!" 私が学生の時にニュージーランドで言われたことだけど、どういう意味かわかるかな？恥ずかしながら "mussels" の意味がわからなくて、この人は筋肉(muscle)マッチョが好きなんだと誤解してしまったんだ。正しくはムール貝という二枚貝のことなんだ。単語を知らないと文全体の意味がわからなくて大変な思いをすることもあるよね。単語力は、他人が言うことを理解したり自分が言いたいことを言ったりする上で一番の基礎になるんだ。

　さらに、単語力が高いと物知りになるんだ。"mussel" という単語を紹介したけれど、いろんな疑問がわいたと思うんだ。ムール貝って何？二枚貝って何？どんな料理？などなど。単語を覚えると関連してどんどん知識が増えていくんだ。単語を覚える→関連するものを調べる→新しいことを知ってさらに単語が増える、というすばらしい「スパイラル(互いに関係しあって良い方向に向かうこと)」ができるので英語以外の勉強もきっと楽しくなるよ。

 **英単語のなにを 覚えればいいの？**

英語 water

水 water

water

お湯

A まずは英語の発音と意味を しっかり覚えよう。ほかはだんだん 覚えていけばいいよ。

発音と意味が一番大事、それからコロケーション

　"water" という単語を知っているかな？アメリカ英語っぽくいうと「ワラ」で「水」という意味だね。まず最初は、発音「ワラ」とその意味「水」をしっかり覚えよう。つづり（文字の並び方のこと）は発音を覚えてからでだいじょうぶ。

　だけどこれで安心しちゃいけないよ。英語と日本語で微妙に意味が違っていることが多いんだ。日本語の「水」は冷たい液体のことで「湯」とは区別するよね？けれど英語では、あったかいお湯もwater なんだ。最初に覚える意味はとりあえずのものだよ。いろんな英語に出会う中で、日本語と違って英語ではこういう意味もあるんだと頭を柔らかくして学んでほしいんだ。

　あとはコロケーションという言葉を知ってほしいな。一緒に使われる単語のことで、単語どうしの相性だよ。fast food（ファストフード）は相性抜群、だけどfast（速い）と同じような意味なのにquick food や speedy food は相性がよくないんだ。fast food みたいにセットで覚えておくと自然な言い方ができるようになるよ。

73

 英単語はどうやって
覚えればいいの?

A 単語リストは効果的だよ。
それと英語をたくさん読んだり
聴いたりすることも大切だよ。

大切なポイント

くり返し出会うことを心がける

　単語リストは効果的なんだ。単語リストとは、英語（water）と日本語（水）を対応させてまとめたものだよ。これを使って覚えよう。ここで注意してほしいのは、最初は書いて覚えるのではなくて、英語を話しながら覚えること。書くより話すほうがたくさんくり返せるし、記憶にのこりやすいといわれているよ。発音と意味を覚えられたら、つづりも覚えていくといいよ。

　「英単語のなにを覚えればいいの？」で書いたように、日本語の意味を覚えるだけでは不十分だったね。単語リストよりも大事なのは、できるだけ多くの英語を読んだり聴いたりすることなんだ。自分の好きな本、歌、映画、動画、なんでもいいので英語にふれる時間を作っていこう。そうすることで、英語と日本語の微妙な意味の違いに気づけるし、コロケーションも身につくようになるよ。日本語の単語は意識せず勝手に身についたものが多いよね？英語も、英語で楽しんでいるあいだに自然に単語の力がついていくようになれば最強だよ。

 # 英単語はどれだけ覚えたらいいの？

A 高校までで習う単語はどれも大切。
プラス興味のある分野の単語を
増やしていこう！

76

大切なポイント

学校で習う英単語はしっかりと身につける

　英単語って全部でどれくらいあるか考えたことはあるかな？世界でもっとも大きな辞書である『オックスフォード英語大辞典』には、なんと約 60 万語が収録されているよ。もちろん辞書にのっていない専門用語もあるから、ざっと 100 万語以上はあるんだ。

　一方で、大人の英語母語話者はおよそ 2 万語知っているといわれているんだ。そうすると大辞典にのっている単語の 3% ほどしか知らないことになるね。母語話者はなんでも知っているようにみえて、本当は知らない単語だらけなんだ。だけどすごく大切な単語を使いこなせるから、なんでも知っているようにみえるんだ。

　実際によく使われるのは 3,000 語くらい。だからこの 3,000 語を使いこなせるようになることが大事だよ。これらの単語は、小学校・中学校・高校で習うよ。学校で英語の勉強をしっかりやることで基礎がしっかり出来上がるんだ。その上で、興味にあわせて単語を増やしていくことが英語力を上げる近道だよ。

1つの英単語に意味は1つだけなの?

イメージで覚える○

所有

虫歯がある。
He has a bad tooth.

中にある

お昼を食べた。
He had lunch.

have

名前を教えてください。
May I have your name?

受けとる

have
「持っている」
→自分のところに何か
を所有している

「have」は
持つ・食べる・経験
する・受けとる!

そのまま覚える✕

A 小学校や中学校で習う単語はたくさんの意味をもちがち。単語のイメージが頭に描けるとGOOD!

大切なポイント

意味をイメージで考えてみる

　色々な意味をもつ言葉は日本語にもあるよね。たとえば、「声を
かける」「鍵をかける」「醤油をかける」は同じ「かける」でも意味
が違うよね。これを「多義語」というよ。英語にも多義語があるんだ。
たとえば、have 500 yen（500円を持っている）、have lunch
（昼食をとる）、have a good time（良い時間を過ごす）で have
の意味が少しずつ変わっているね。特に小学校や中学校で習う、
日常でよく使われる単語は多義語が多いんだ。
　辞書を見ると have はいろんな意味があって覚えるのが嫌になる
よね。日本語の意味を1つひとつ覚えようとせずに、自分なりの
おおざっぱなイメージを頭に描いてほしいんだ。私の場合、have
は「自分の中や近くにある」というイメージかな。
　少し脱線すると、専門用語は意味が1つしかないことが多いよ。
たとえば、理科の授業で使う「顕微鏡」。日常生活でほとんど使う
ことのない専門用語だね。英語では、microscope といい、日本
語と同じく1つの意味しかないんだ。

第 6 章

ようすけ先生からの 小学生の君たちに贈る 応援メッセージ

英語がペラペラでも、話す内容がペラペラだったらカッコ悪いよね。逆にたどたどしい英語でも面白い話なら人は聞いてくれるはず。君が面白いと思うことを、夢中になって追いかけてほしいな！

Let's broaden your world with English!

英語で君の世界を広げよう！

第7章

英文法の？ハテナ

あきら先生／ひろし先生
（田地野 彰）（山田 浩）

37～42

 英語のルール（英文法）を知ることはどうして大切なの？

A みんながルールを守ることで、安心して英語での会話を楽しむことができるようになるよ。

大切なポイント

ルールを知ることで、安心して英語を使うことができる

　英語のルールを知ることは、スポーツのルールを知ることに似ているよ。たとえば、バスケットボールは手を使ってボールをゴールに入れるスポーツで、足や道具を使うことはできないよね。相手を押したり、転ばせたりすることもダメ！みんながこのルールを守るから、安心してバスケットボールを楽しむことができるんだよ。

　英語も同じように、ルールを知らないと、相手の言っていることがわからなかったり、自分の話が正しく伝わっているかわからなかったりして、不安になるよね。このような不安な気持ちになることなく、安心して会話を楽しむためにルールを知ることは大切なんだよ。

　ちなみに、スポーツのルールがわからないときは、ルールブックを読むよね。それと同じように、英語のルールを知りたいときには辞書や教科書を読んでみよう。ルールをよく知っている友達や先生に聞くのもいいね。みんなでルールを守って、英語での会話を楽しもうね。

 英語のルール（英文法）はどのように学べばいいの？

A 自分や相手が伝えたい内容にたくさんの影響を与える大きなルールから順番に学ぼう。

大きなルールから学び、小さなルールへと進む

　みんなが初めて野球のルールを覚えるときは、まずは「ボールを打ったら1塁に走る」というような、試合をするために必ず知らなくてはいけない大きなルールから学んでいくよね。「インフィールドフライ」や「ボーク」のような細かなルールは後回しにするはずだよ。それと同じように、英語のルールにも意味にたくさんの影響を与える大きなものと、意味にはそこまで影響を与えない小さなものがあるんだよ。

　英語の大きなルールの1つは、語句の順序だよ。「トムとメグはリンゴを食べる」「リンゴをトムとメグは食べる」のように、日本語では順序を入れ替えても意味が変わらない場合が多いよね。でも、「**Tom and Meg** eat **apples**.」（**トムとメグ**は**リンゴ**を食べる）「**Apples** eat **Tom and Meg**.」（**リンゴ**は**トムとメグ**を食べる）のように、英語では順序を入れ替えると、意味が変わってしまったり、意味が伝わらなかったりすることがあるんだ。だから、英語を学ぶときには、まずは語句の順序のような大きなルールから学んでいこう。

 # 大切な英語のルールって どんなの？

"**The dog** chased **the boy.**"
「犬が**少年**を追いかけた」

"**The boy** chased **the dog.**"
「**少年**が犬を追いかけた」

 英語では「語句（ことば）の順序」がとても大事なんだ。
このことを覚えておいてね。

大切なポイント

語句（ことば）の順序が変わると、意味も変わる

　日本語では、語句（ことば）の順序（語順と言います）を間違えても、ある程度文の意味は伝わるけど、英語ではそうはいかないんだ。すでに紹介したように、英語では語順はとても大事なんだ。

　たとえば、「その犬がその少年を追いかけた」と言わないといけないところ、「その犬が」と「その少年を」を入れ替えて「その少年をその犬が追いかけた」としても日本語では意味は通じるよね。日本語には助詞（「○○が」や「○○を」）があるからなんだ。

　でも、英語には助詞はなくて、語順がその代わりになるんだ。この「**その犬がその少年を追いかけた**」を英語で表すと "**The dog chased the boy**." となるんだけど、もし最初の "the dog" と最後の "the boy" の順序を入れ替えて "**The boy chased the dog**." とすると、「**その少年がその犬を追いかけた**」と完全に逆の意味になってしまうんだ（ところで、英語の文は大文字で始めることになっているよ）。

 # 英語はどこから学べばいいの?

英語は 鏡にうつった 日本語だ

毎日　公園で　サッカーを　する

する　サッカーを　公園で　毎日
play　soccer　in the park　every day

参考:大津由紀雄(2004)『探検!ことばの世界』(ひつじ書房)

 コミュニケーションの観点からは、最初に「語句(ことば)の順序」から学ぶのがいいと思うよ。

大切なポイント

「語句の順序」は「意味の順序」だ！

　相手と情報のやり取りをするコミュニケーションの観点からすると「語句（ことば）の順序（語順）」から学ぶのがいいよ。じつは、英語を学ぶ過程ではだれもが文法的な間違いをするんだ。ここで大切なことは、同じ間違いであっても「意味の通じる間違い」と「意味の通じない間違い」があるということ。学び始めは「意味の通じない間違い」は避けた方がいいよ。語順の間違いはこの代表的な間違いとされているんだ。

　じつは英語の語順はある程度決まっているんだ。この順序を「5文型」と呼んでこれまで5つのパターンで学ぶのが一般的だったけれど、近年「意味順」という学習者にとってやさしい学び方が提案され、注目されているよ。これは英文を意味の順序で整理したもので、5文型との互換性もあり、いろんな研究でその教育効果も示されてきているんだ。

　基本的には「だれが／する（です）／だれ・なに／どこ／いつ」の「意味順」に沿って語句を並べると意味が伝わる英文ができるんだ。

 # 英文法ってバラバラなの?

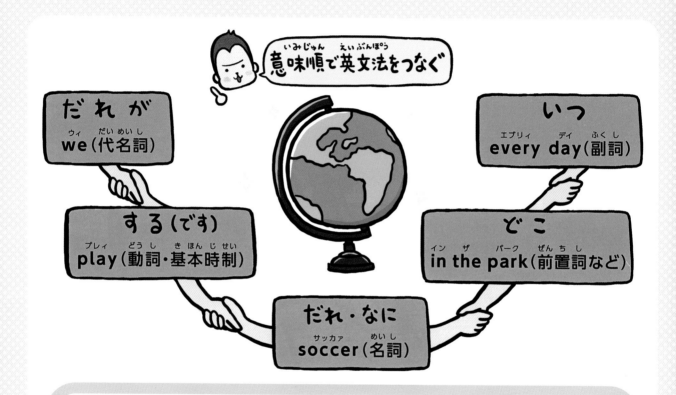

意味順で英文法をつなぐ

だれが
we(代名詞)

する(です)
play(動詞・基本時制)

だれ・なに
soccer(名詞)

いつ
every day(副詞)

どこ
in the park(前置詞など)

 確かにバラバラに見えるよね。
でも、「意味順」を使えば英文法を
つないで整理することができるよ。

大切なポイント

「意味順」で英文法をつなぐ

　英文法の参考書では、ふつう文法項目は一つ一つリストの形で扱われ、それらがどのようにつながっているかは示されていないんだ。たとえば最初の章が文の構造、そして第2章は動詞、第3章は時制のように各項目は個別に紹介されているんだ。

　でもよく考えてみると、文法項目は文を正しく理解したり正しくつくったりするのに必要な項目だよね。それなら、それぞれの項目は英文のどこかに関わっていることになる！

　文の構造を1つのパターンで表すことができる「意味順」を用いれば、それぞれの項目が英文のどこに関わっているのか、つまり、各項目が「だれが」｜する（です）」「だれ・なに」「どこ」「いつ」という「意味順」のどの要素に関係しているかが視覚的に理解できるんだ。たとえば、動作や状態が現在のことなのか、それとも過去や未来のことなのかを表す「基本時制」という文法項目は、「意味順」要素の「する（です）」に関わっているんだ。

あきら先生からの 小学生の君たちに贈る 応援メッセージ

日本語と違って英語では語順がとても大事だよ。もし語順を間違えると、意味は正しく伝わらないかもしれないよ。

まずは大きなルールの「意味順」をマスターしよう！小さなルールはその後で学べばいいからね。

Let's master English with Imijun!

英語は「意味順」でマスターしよう！

おわりに ～読者のみなさんへ～

みなさん、いかがでしたか。
英語に対する理解が深まりましたか。

　この本を書くきっかけは、「どうして英語を勉強しないといけないの？」という、周囲の小学生からの質問でした。

　この問いかけに、「少しでも英語に興味をもってもらいたい」、「英語を楽しく学んでもらいたい」という想いから、英語を専門とする7名の大学の英語教師たちが集まって、それぞれ専門の立場から小学生のみなさんへメッセージを贈ることにしました。

　英語を学ぶ上で必要なのは、やはり興味と関心です。
　この本を通して少しでも英語を理解し、英語に興味をもってもらえたのであれば、嬉しいです。

　みなさんがこれからの英語学習を楽しんでくれることを、心より願っております。

執筆者一同

🎧 音声ダウンロードのしかた

STEP 1 商品ページにアクセス！ 方法は次の3通り！
- QRコードを読み取ってアクセス。
- **https://www.jresearch.co.jp/book/b642294.html**
  を入力してアクセス。
- Jリサーチ出版のホームページ (https://www.jresearch.co.jp/) にアクセスして、「キーワード」に書籍名を入れて検索。

STEP 2 ページ内にある「音声ダウンロード」ボタンをクリック！

STEP 3 ユーザー名「1001」、パスワード「26134」

STEP 4 音声の利用方法は2通り！ 学習スタイルに合わせた方法でお聴きください！
- 「音声ファイル一括ダウンロード」より、ファイルをダウンロードして聴く。
- 「▶」ボタンを押して、その場で再生して聴く。

※ダウンロードした音声ファイルは、パソコン・スマートフォンなどでお聴きいただくことができます。一括ダウンロードの音声ファイルは.zip形式で圧縮してあります。解凍してご利用ください。ファイルの解凍が上手く出来ない場合は、直接の音声再生も可能です。

音声ダウンロードについてのお問い合わせ先　**toiawase@jresearch.co.jp**　(受付時間：平日9時〜18時)

編著者・執筆者紹介

● 編著者 ●

田地野　彰
（あきら先生）

名古屋外国語大学外国語学部英米語学科教授
京都大学名誉教授
専門は教育言語学・英語教育
（はじめに、第7章（pp.86-91）、おわりに）

● 執筆者（五十音順）

加藤　由崇
（よしたか先生）

中部大学人間力創成教育院准教授
専門は応用言語学・英語教育（第1章）

川原　功司
（こうじ先生）

名古屋外国語大学外国語学部英米語学科教授
専門は理論言語学・英語学（第3章）

笹尾　洋介
（ようすけ先生）

京都大学国際高等教育院准教授
専門は応用言語学・英語教育（第6章）

高橋　佑宜
（ゆうき先生）

名古屋外国語大学外国語学部英米語学科講師
専門は英語史・英語学（第2章）

ハンフリー　恵子
（けいこ先生）

名古屋外国語大学外国語学部英米語学科教授
専門は英米文学・英語教育（第4章）

山田　浩
（ひろし先生）

高千穂大学商学部准教授
専門は応用言語学・英語教育（第5章、第7章（pp.82-85））

95

編著者紹介

田地野 彰（Akira Tajino）

名古屋外国語大学外国語学部教授。京都大学名誉教授。専門は教育言語学・英語教育。Ph.D.（言語学博士）。一般社団法人大学英語教育学会（JACET）特別顧問、英語教育分野における代表的国際誌 *ELT Journal*（Oxford University Press）の編集委員などを歴任。著書には、*A New Approach to English Pedagogical Grammar: The Order of Meanings*（Routledge）、*A Systems Approach to Language Pedagogy*（Springer Nature）などの学術書や、『＜意味順＞英作文のすすめ』（岩波ジュニア新書）、『「意味順」式　イラストと図解でパッとわかる英文法図鑑』（KADOKAWA）、『音声 DL BOOK 中学英語でパッと話せる！「意味順」式　おとなの英会話トレーニング』（NHK出版）、『「意味順」だからできる！絵と図でよくわかる 小学生のための中学英文法入門』（Jリサーチ出版）など。また、NHK語学テキスト『ラジオで！カムカムエヴリバディ』での連載（英文法担当）や、『「意味順」だからできる！小学生のための英文法ドリル①②③』（Jリサーチ出版）、『ドラえもんの英語おもしろ攻略　ひみつ道具で学ぶ英語のルール』（小学館）、「意味順ノート」（日本ノート）などの監修者も務める。

イラスト	りゃんよ
ブックデザイン／DTP	TOMO
ナレーター	水月優希／ Karen Haedrich
校　正	木村沙夜香
編　集	野坂愛佳
音声収録・編集	一般財団法人 英語教育協議会（ELEC）

本書へのご意見・ご感想は下記URLまでお寄せください。
https://www.jresearch.co.jp/contact/

小学生から知っておきたい
英語の？ハテナ

令和6年（2024年）4月10日　初版第1刷発行

編著者	田地野彰
著　者	加藤由崇／川原功司／笹尾洋介／高橋佑宜／ハンフリー恵子／山田浩
発行人	福田富与
発行所	有限会社 Jリサーチ出版
	〒166-0002 東京都杉並区高円寺北2-29-14-705
	電話 03(6808)8801(代)　FAX 03(5364)5310　編集部 03(6808)8806
	URL https://www.jresearch.co.jp
印刷所	株式会社 シナノパブリッシングプレス

ISBN978-4-86392-613-4　※禁無断転載。なお、乱丁・落丁はお取り替えいたします。